HEIKIN-ASHI

Estrategia para ganar en bolsa

Por Mario González Torres

INDICE

INTRODUCCION

Sin duda alguna las velas HEIKIN-ASHI, son una herramienta muy necesaria para nuestro trading, a pesar de lo importante que puede ser esta herramienta, muy pocos *traders* la usan y desconocen.

A continuación les voy a presentar; no solo las velas HEIKIN-ASHI, sino que les voy a enseñar una estrategia para especular, con esta herramienta en combinación con otros indicadores, los cuales pueden encontrar en plataformas como metatrader 4 y metatrader 5.

Esta estrategia es la que uso personalmente para especular en la bolsa de valores Y FOREX, y me ha dejado muy buenos rendimientos. De 100 operaciones, 70 resultaron ganadoras y 30 perdedoras. Cabe recalcar que de estas 30 perdedoras, 10 fueron por activación de Stop Loss y 20 por quebrantar una de las reglas.

Antes de darle a usted la estrategia, me gustaría hacer hincapié, en que la información que encuentras en internet de estas velas Japonesas y su aplicación, esta desactualizada, porque razón?

La información de estrategias, no cuenta con los sistemas de alta frecuencia, que hoy día se están dando en los mercados, aquí nos enfrentamos con los mejores físicos y matemáticos del mundo de la bolsa, es por esa razón que si hoy por hoy usas solamente las velas sin ningún otro indicador, habrán muchísimas señales falsas o bien entrarás al mercado cuando este muy sobrevendido o sobrecomprado.

Existen también muchísimas combinaciones con indicadores, pero no quiere decir que funcionen todas, te lo puedo asegurar por experiencia propia y las pruebas que he realizado con este fantástico indicador.

TEORIAS

DEL

MERCADO

Para llevar a cabo esta estrategia es necesario conocer o recordar algunos conceptos importantes que nunca pasan de moda y que los mercados presentan día a día.

TEORIA DE DOW JONES

Charles Dow a principios del siglo XX escribió en diferentes artículos una serie de reglas básicas para entender los mercados que ahora, cien años después, no sólo siguen totalmente en vigor sino que son objeto de culto por los analistas técnicos. En sus sencillas reglas se resume lo más importante que hay que saber sobre análisis técnico. Creo que es de obligado cumplimiento el leerlas, comprenderlas y memorizarlas, pues nos serán muy útiles en nuestro camino como estudiantes.

En esencia Dow pensaba que la Bolsa en realidad es un ente con personalidad propia al margen de la personalidad individual de los valores que la componen y que terminan por moverse más o menos todos a la vez, o al menos una mayoría. Si somos capaces de determinar cuál es la dirección del conjunto podremos ganar dinero con los valores que la componen.

Siguiendo los valores más importantes de la época, Dow creó dos índices: el de valores industriales y el de ferrocarriles. Ahora las cosas son menos sencillas pero para entender lo que Dow quiso decir es más que suficiente.

1.- El mercado tiene tres tendencias: la primaria o principal, la secundaría (los rebotes correctivos contra la tendencia) y la tendencia día a día (las fluctuaciones intradía de las que también se pueden sacar jugosos beneficios).

Debemos considerar que nunca veremos un gráfico que no esté formado por sucesivos picos y valles. Lo fundamental que tenemos que considerar es que en una tendencia alcista los mínimos (cuidado, los mínimos, no los máximos como se podría pensar) deben ser ascendentes. Y en una tendencia bajista los máximos deben ser descendentes. Esos mínimos o máximos sucesivos, ascendentes o descendientes, normalmente se pueden unir por una línea recta a la que llamaremos **directriz alcista o bajista,** según sea el caso.

Cuando la cotización cruza con claridad dicha recta directriz tendremos la primera pista de que la tendencia ha terminado.

2.- Las medias descuentan absolutamente todo (en la teoría primitiva Dow se refería a las medias de ferrocarriles y a la de transportes). Toda la información de que disponen los operadores está descontada en ellas. Por lo tanto, no necesitamos nada más, es la herramienta de información principal ya que resume todas las demás.

3.- Las tendencias principales tienen tres fases a su vez: fase de acumulación, fase intermedia y fase de distribución. Este concepto es tan importante que le daremos un tratamiento separado al final de este capítulo.

4.- Las medias de industriales y de ferrocarriles deben confirmarse entre sí. No se dirá que el mercado está en tendencia alcista o bajista mientras las dos medias no estén en la misma dirección y señal.

5.- Una tendencia se dirá que está en vigor mientras no tengamos alguna señal de haber dado la vuelta (cambiar de tendencia: si era alcista convertirse en bajista y viceversa). Es muy importante este concepto, yo diría que vital. Un mercado jamás se mueve en línea recta, siempre lo hace en dientes de sierra, en zigzag.

Cuando tengamos una posición tomada, tenemos que aprender a asumir que continuamente tendremos rebotes en contra de la tendencia que nos harán sufrir. No ganaremos dinero si no somos capaces de determinar lo que es un rebote, que no nos debería hacer salir de nuestra posición, y lo que es de verdad un cambio de tendencia, que debería conllevar el cierre inmediato de posiciones y apertura en la dirección contraria. Y, por supuesto, ¡no ganaremos dinero ¡sin sufrir mucho!

6.- El volumen debe confirmar siempre la tendencia y por tanto debe expandirse en la dirección de la tendencia. Este es un factor fundamental y que pocos consideran. El volumen es vital. Una subida o bajada con bajísimo volumen es sospechosísima y lo normal es que sea una descarada manipulación de las muchas que sufre el mercado constantemente por los más poderosos.

PROCESO DE ACUMULACION Y DISTRIBUCION

Veamos ahora en profundidad el apartado de la teoría de Dow en el que se decía que los mercados tenían tres fases: acumulación, intermedia y distribución. Para comprender bien estas fases debemos considerar y tener muy claro que los mercados, son los que mandan. Sus decisiones son las que cuentan y los pequeños inversores, no tenemos más remedio que intentar comprender lo que están haciendo y actuar en consecuencia.

En la fase de acumulación los mercados empiezan a fijarse en un determinado valor o mercado. El volumen que necesitan introducir para tomar su posición es muy alto, dado que son grandes inversores. Si entran de forma violenta en el mercado, su propia compra provocaría, ante la falta de volumen que les diera contrapartida, más subidas, con lo cual cada vez comprarían a precios más altos, lo que anularía la rentabilidad que buscan. La forma habitual por la que optan los grandes especuladores, para hacerlo es la compra discreta, es el proceso de acumulación.

Procuran que el precio no suba nunca demasiado, cada vez que lo hace destinan pequeñas cantidades de dinero a volver a hacerlo bajar. Cuando baja, entran con gran volumen y rápidamente con poco volumen lo vuelven a hacer bajar y así sucesivamente. Mientras, la prensa dirá que ese valor está aburrido, que no tiene fuerza para subir, etc. Cuando el proceso de compra a buenos precios termina, tienen que rentabilizar su compra, ahora sí que interesa que suba la cotización. Entonces con la parte final de su dinero en esta fase sí que compran a cualquier precio, provocando una estampida de compradores que siguen tras ellos. La mayoría de las veces esta táctica provoca el inicio de una tendencia alcista, la fase intermedia que diría Dow.

Pero llega un momento en que esos mismos operadores fuertes, que tuvieron la habilidad de comprar mucho más abajo, consideran que el valor ya no puede subir mucho más, entonces empieza el proceso inverso, el proceso de distribución. De nuevo tienen el mismo problema del principio, el volumen que tienen que meter en el mercado para deshacer o girar la posición de alcista a bajista es muy grande. Si sueltan todo el papel de golpe se encontrarían con que su propia venta provocaría un desplome, lo que impediría tomar las plusvalías adecuadas.

Por ello, empiezan a vender con volumen fuerte, pero cada vez que el precio baja demasiado lo vuelven a subir con compras rápidas y con poco volumen. Cuando vuelve a estar en precio vuelven a vender con todo el volumen que el mercado es capaz de absorber y así sucesivamente. Metódicamente estos períodos de distribución por parte de los grandes especuladores, siempre coinciden con momentos en que los medios hablan de grandes subidas futuras y la euforia suele estar por las nubes. Es imprescindible para que todo ese papel que tiene que salir lo compre alguien.

Ejemplo de acumulación:

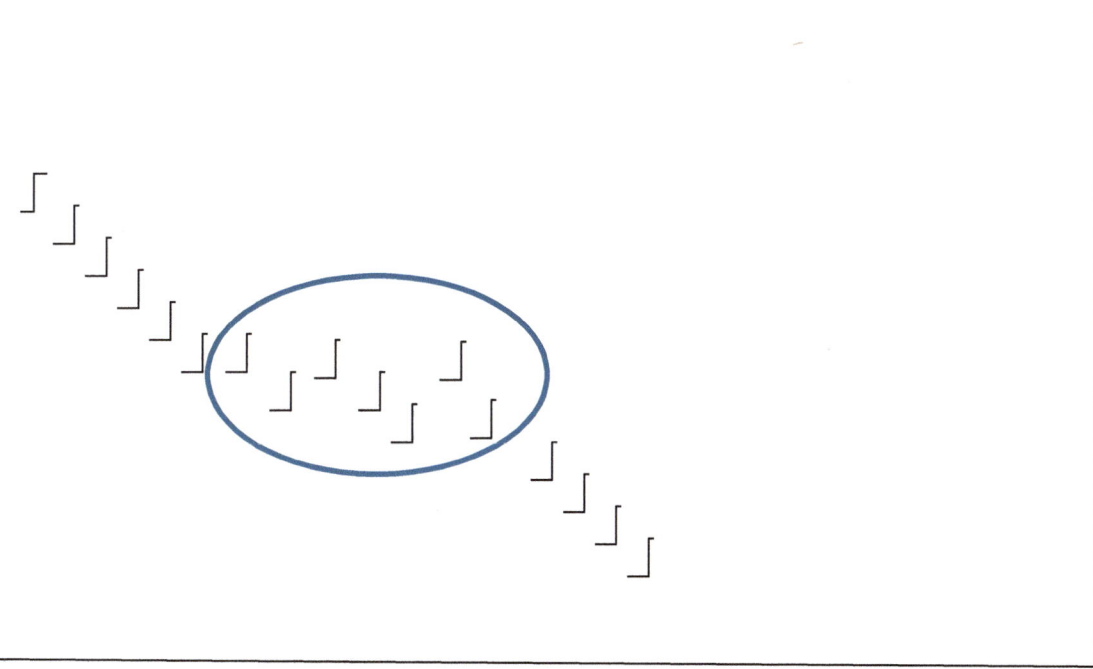

NOTAS

VELAS

HEIKIN ASHI

En el análisis técnico financiero podemos seleccionar a través de nuestras plataformas gráficas de trading el tipo de representación gráfica de los precios de una cotización de un activo dado.

De las barras o velas clásicas podemos también seleccionar las velas Heiken Ashi. Las velas Heiken Ashi para el que todavía no lo sepa, son un tipo de velas japonesas que se calculan de manera diferente a las velas japonesas tradicionales (también llamadas del inglés candlesticks) y proporcionan una visión muy clara en cuando los activos están en tendencia. Las Heiken Ashi, sirven para evitar una mala lectura como consecuencia del ruido de los mercados y nos ayudan a mantener una posición si estamos operando en tendencia además de detectar el momento idóneo de entrada en el mercado.

Hoy veremos el origen, naturaleza, como se calculan y como se hace trading con estas velas.

Las velas Heiken Ashi tienen su origen en la década de los años 60 en mitad del siglo XX, fueron desarrolladas por un trader de materias primas anónimo. No ha sido hasta la última década que se han popularizado gracias a Yasuji Tamanaca.

Las velas Heikin Ashi representan el promedio del ritmo de los precios, Heikin en japonés significa media y Ashi significa ritmo, de ahí su nombre y fórmula de cálculo. No se opera e interpreta de la misma forma que las velas tradicionales, la funcionalidad básica se centra en encontrar periodos con tendencia, posibles puntos de inversión y patrones clásicos en el análisis técnico. Esto las hace especialmente importante para traders o inversores tendenciales, que buscan sumarse a una tendencia tras un periodo de corrección en la cotización.

¿Cómo se calculan las velas Heiken Ashi?

La fórmula puede sonar de la misma usada para el cálculo de los pivot points, aquí dejo un ejemplo de cálculo, aunque cualquier plataforma gráfica profesional no tendrá problemas de ahorrarnos el esfuerzo y calcularlo por nosotros.

Fórmula de cálculo de las Heien Ashi haClose = (O+H+L+C)/4 haOpen = (previo haOpen + previo haClose)/2 haHigh = Max (H, haOpen, haClose) haLow = Min (L, haOpen, haClose)

Definición de las variables de las Heiken Ashi: O = Open (Apertura) H = High (Máximo) L = Low (Mínimo) C = Close (Cierre) Previo haOpen = haOpen de la vela anterior Previo haClose = haClose de la vela anterior Max = Máximo de los siguientes valores Min = Mínimo de los siguientes valores

Interpretación de las velas Heikin Ashi Sólo existen tres tipos de velas dentro del grupo de las velas Heikin , por lo cual nos podemos ahorrar todo el estudio de los miles de patrones existentes con las velas japonesas tradicionales.

1) Cuerpo grande verde con sombra superior.

2) Cuerpo grande rojo con sombra inferior.

3) Doji rojo, verde o plano.

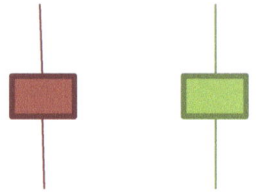

Características y operativa básica con velas Heikin Ashi

La primera característica es que no tenemos gaps (huecos en el precio), con este tipo de velas no encontramos espacios sin cotizaciones. Vamos a ver su interpretación.

Cuerpos verdes seguidos – Tendencias alcistas.

Cuerpos rojos seguidos – Tendencias bajistas.

Cuerpos verdes seguidos sin sombras inferiores – Tendencia alcista fuerte.

Cuerpos rojos seguidos sin sombras superiores – Tendencia bajista fuerte.

Dojis – Tendencia débil o sin tendencia, área de indecisión – Indecisión y/o posible cambio de tendencia.

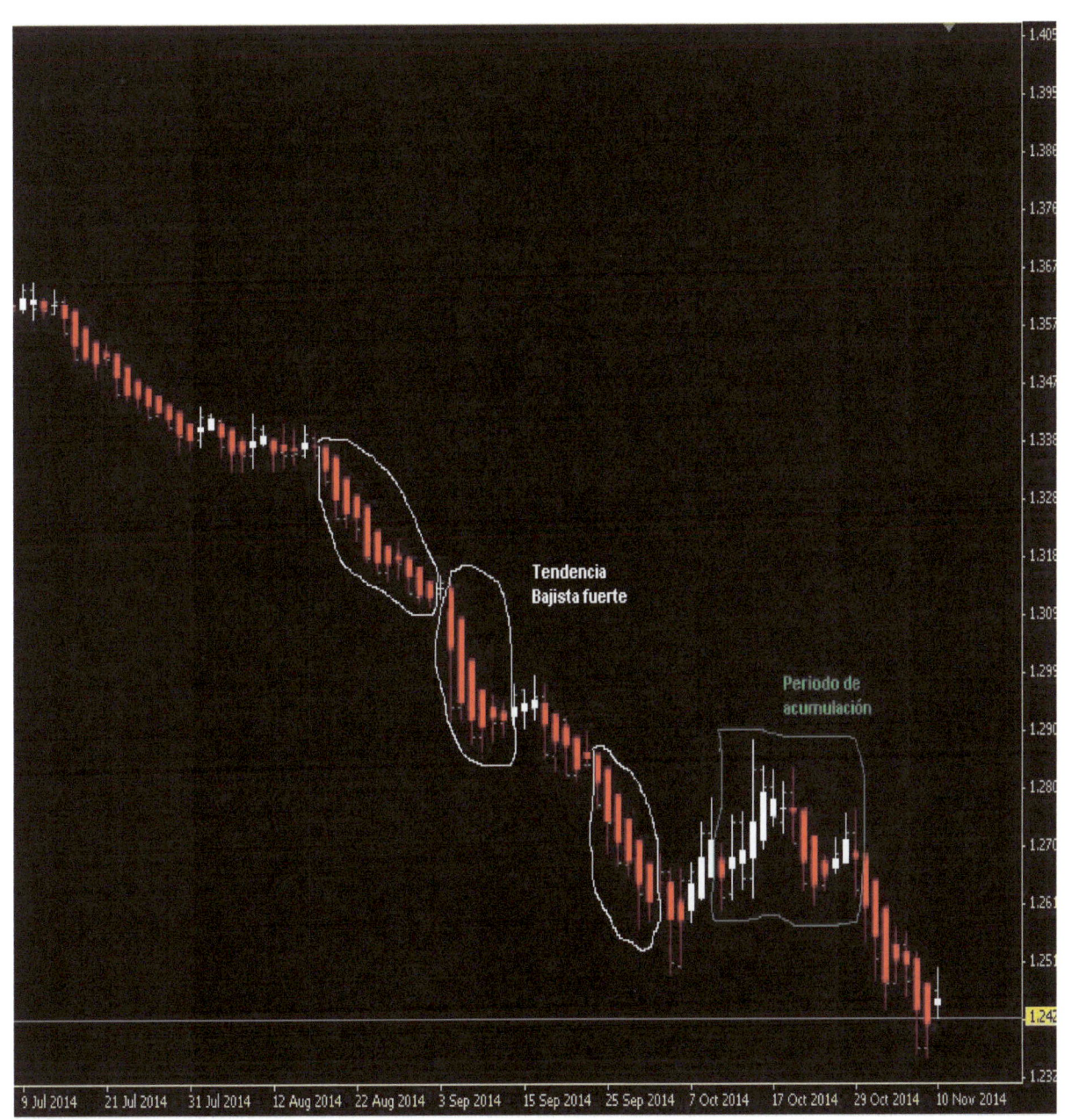

Tendencia
Bajista fuerte

Periodo de
acumulación

NOTAS

EL MEJOR INDICADOR

DE

MOMENTO

Todo trader debe saber que la principal regla para invertir en los mercados, es invertir en activos financieros que tengan las siguientes características:

1) Amplia participación pública. Esto permitirá que el activo tenga liquidez y volatilidad.

2) Un activo financiero con fuerza, ya sea al alza o a la baja.

Muchas veces nos metemos a la bolsa y nos llevamos la sorpresa de que fue una falsa señal, probablemente en un periodo de mercados en estado lateral o bien cuando esta sobrevendido o sobre comprado.

Hace unos años atrás el uso de las velas Heikin Ashi, era muy certero, ya que las tendencias se presentaban más claras, sin embargo hoy día, los sistemas de alta frecuencia; usados por los grandes bancos, fondos de inversión y operadores profesionales, producen una gran cantidad de señales falsas, por ejemplo en marcos de tiempo de una hora y en gráficos diarios.

En el siguiente ejemplo verán una persona que no observo las tendencias en el EUR/USD en gráficos mayores (mensual, semanal, diario) y opera en una hora en el mes de octubre de 2014, solamente con el heikin ashi, se encontrará con la sorpresa de una señal falsa.

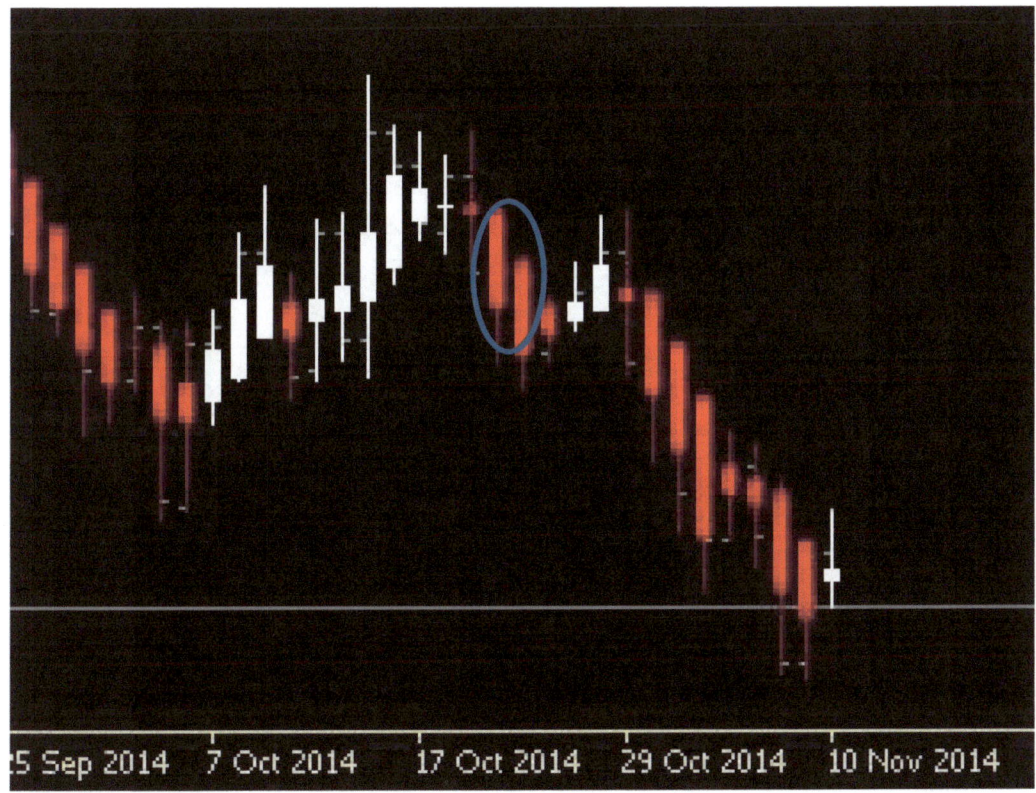

Aunque parezca mentira, la mayoría de nosotros al inicio cometimos estos errores, entre muchos otros, nunca nos imaginamos que esto era un periodo de consolidación, de acumulación o lo que en la teoría de la onda de Elliot se conoce como pauta plana, y finalizado seguir su rumbo bajista.

Estas mismas imágenes se ven con frecuencia en gráficos diarios, por eso debemos ser honestos, muchas veces nos enseñan a operar en gráficos de 1 minuto, 5 minutos y lo que sucede es que tenemos grandes cantidades de señales falsas y perdidas excesivas. Si suceden en gráficos diarios y hasta semanales, cuanto más no sucederá en gráficos pequeños.

Otro error común es operar cuando las noticias van saliendo, por ejemplo datos de desempleo, discursos de la reserva federal, etc. Lo mejor es estar fuera del mercado en esos momentos y permitir que nuestro sistema nos dé una señal contundente de entrada y de salida.

Un ejemplo de caos en Noviembre 2014

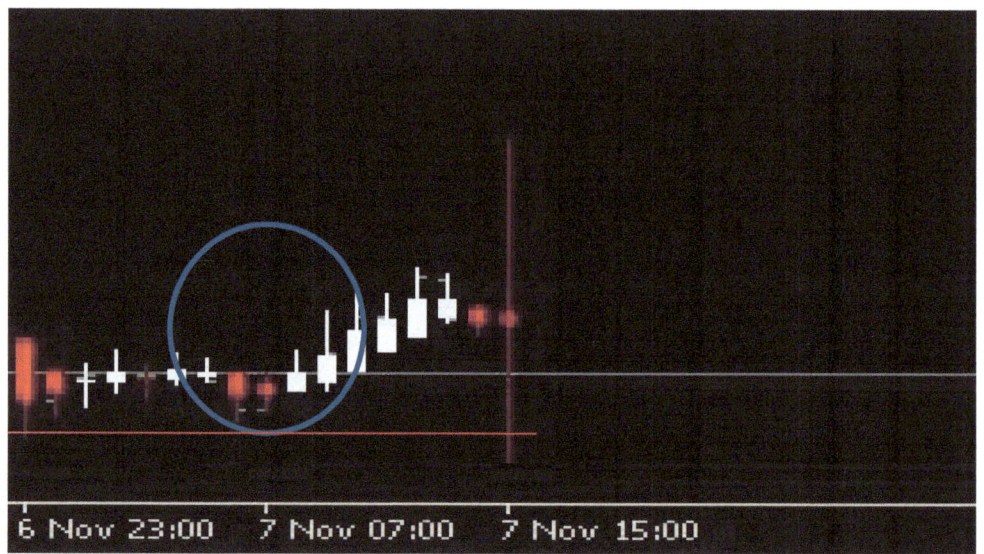

Un caso típico: Una persona abre una posición larga (alcista) en el círculo azul, en el euro dólar, supongamos que tenía un stop de pérdida en la línea roja y desconocía de la noticia de datos de desempleo que se daría en las próximas horas y no se salió de la posición con la primera vela roja. Con el dato de la noticia el mercado reacciona y le barren su stop con una perdida innecesaria.

Lo más importante de ser un negociante, no es solo donde entrar, sino también donde salir. Una correcta estrategia de inversión me tiene que decir cuando entrar y cuando salir.

Por esa razón es que usar sólo Heikin Ashi en este tiempo, puede causarnos un poco de problemas, por los sistemas de alta frecuencia, que provocan adrede señales falsas para que tú y yo perdamos dinero.

Lo que sí es seguro es que, usando Heikin Ashi con un indicador de fuerza, podemos estar seguros de entrar en un movimiento tendencial, y para mí el mejor indicador de momento sin lugar a dudas es el Averege Direccional Movement Index (ADX).

Este indicador está en la mayoría de plataformas de los bróker y su utilidad es fácil y provechosa.

¿Qué es el ADX?

El ADX (average directional movement index) es un indicador técnico creado por el trader de divisas y commodities Welles Wilder, en el libro "New concepts in technical trading" cuya finalidad es identificar tanto si en un mercado existe o no existe tendencia como la fuerza de la misma. El indicador oscila dentro de un parámetro comprendido entre 0 y 100 y se calcula según las diferencias de las líneas +DI y -DI

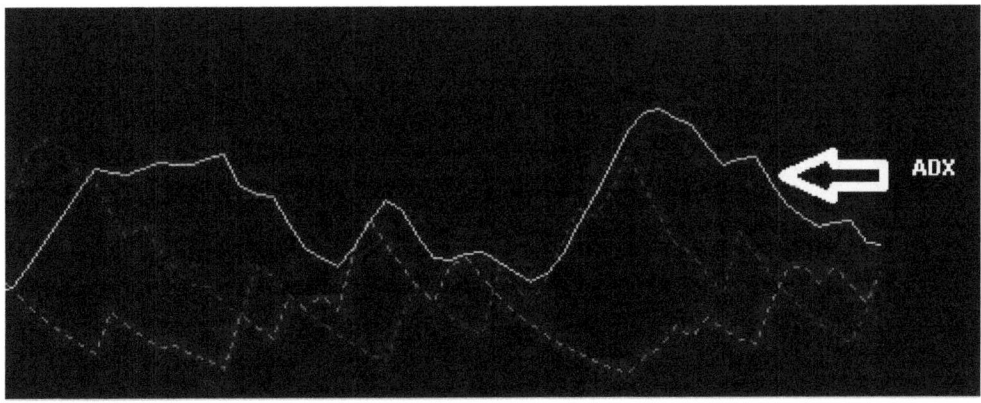

El ADX es la línea verde y su interpretación es la siguiente:

Cuando el ADX está con pendiente positiva, la tendencia (bajista o alcista), tiene fuerza y podríamos tomar posiciones.

Cuando el ADX tiene una pendiente negativa, me indica que no hay fuerza tendencial, por lo que no se debería entrar al mercado y cancelar las posiciones abiertas, salvo que apliques un sistema de mercados laterales.

Cabe recalcar que cuando un ADX está con pendiente negativa, el 90% de las ocasiones, se está llevando a cabo un proceso de acumulación o pauta plana, para a posterior dar continuidad a la tendencia que se venía dando.

Para dejar claro: El ADX no me dice si la tendencia es bajista o alcista, lo que me indica es si esa tendencia que se está dando en el grafico tiene fuerza o no. Y como uno de los principios de la especulación exitosa es, invertir en mercados con fuerza, cuando un ADX tenga pendiente positiva, no hay que tener miedo de comprar o vender. Más adelante hablaremos de como filtrar el ADX para que sus señales sean más fiables.

MEDIAS MOVILES

Otra forma de filtrar las señales falsas que se pueden dar usando Heikin Ashi, es con medias móviles, las medias móviles principalmente las exponenciales y las simples, suavizan los movimientos, funcionando como un filtro muy adecuado para señales falsas.

Un ejemplo es el siguiente: Cuando en gráficos diarios del EUR/USD, las heikin ashi sobre pasan hacia abajo, la media móvil exponencial de 34 periodos, podemos decir que estamos en una tendencia bajista. Y adoptaremos posiciones cortas en sentido de la tendencia.

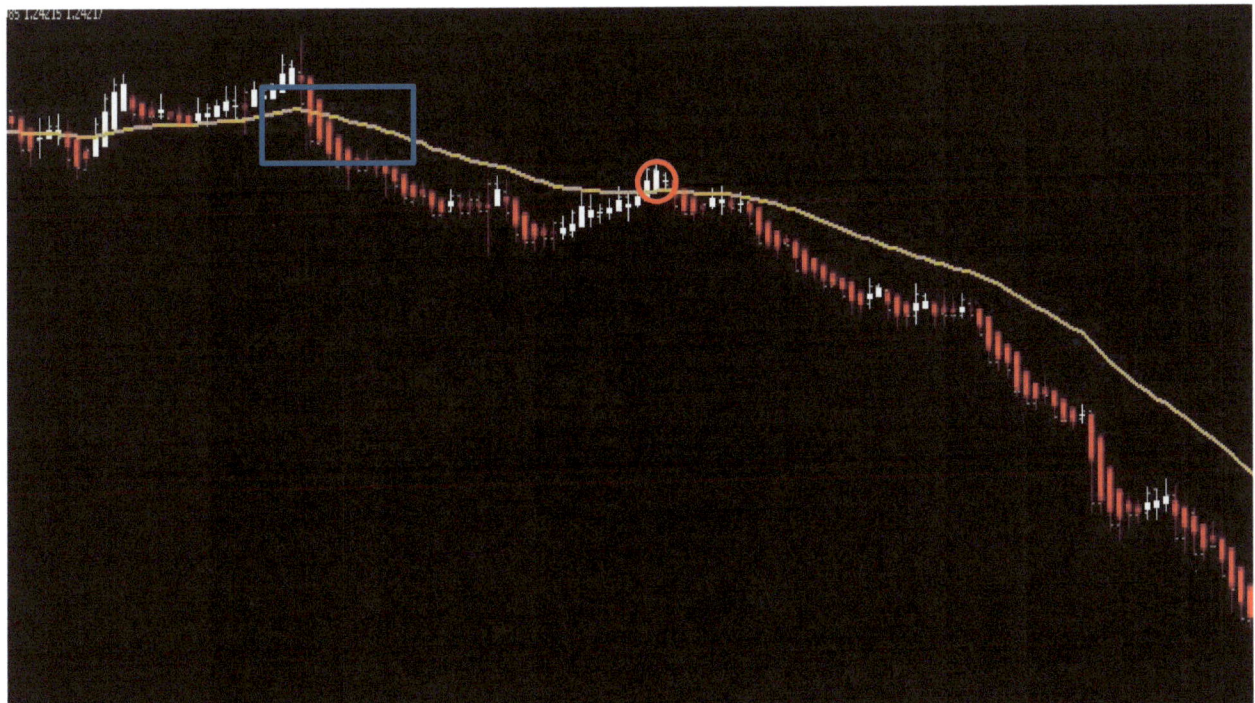

Podemos observar en el recuadro azul, como la media móvil exponencial de 34 periodos, es rota hacia abajo por las Heikin Ashi, iniciando un recorrido bajista, a la misma vez, podemos ver como la media móvil sirve de resistencia dinámica y como stop de perdida.

En el círculo rojo vemos como se hubiera activado el stop de perdida, pero luego vuelve a seguir su camino bajista, este sería un sistema de reentrada.

Posibles salidas de esta operación sería:

1) Con la aparición de la primera vela Heikin Ashi blanca sin sombra inferior.

2) Cuando el precio sobrepase la media móvil hacia arriba.

Este es solo uno de los muchos ejemplos de medias móviles que podemos utilizar en conjunto con las heikin ashi y que podría tener muy buenos resultados.

ESTRATEGIA

CON

HEIKIN ASHI Y ADX

La mayoría de especuladores independientes fracasan en bolsa por el simple hecho de no tener una estrategia de inversión debidamente probada, estructurada y sencilla.

Una estrategia de especulación son normas rígidas que deben cumplirse al pie de la letra, en el momento que nos salgamos de las reglas, vamos a fracasar y a perder nuestro capital, ya que la bolsa está confeccionada para que nosotros perdamos nuestro dinero.

Es por esa razón que hoy quiero compartir una estrategia que me ha dado buenas ganancias y controlado mis perdidas, como sabrán por supuesto que no hay estrategia que rinda el 100%, pero estadísticamente una estrategia que rinda a partir de un 60% es una estrategia atractiva para operar.

Para nuestra estrategia vamos a utilizar los siguientes indicadores:

1) Velas Heikin Ashi

2) ADX (Periodo 14) las líneas +DM y –DM las utilizaremos en color negro, en otras palabras solamente utilizaremos la línea verde del ADX. Para filtrar el ADX, vamos a colocar una línea horizontal en la medida 25 del ADX.

3) Utilizaremos una media móvil 9 periodos simple (roja) y una media exponencial de 3 periodos (verde).

4) ATR para medir el stop loss. Con la siguiente formula que puedes colocar en un Excel.

FORMULA PARA COLOCAR EL STOP DE PERDIDA

Recordemos que el ATR es un indicador que muestra el grado de volatilidad que se está dando en el mercado de cualquier activo financiero, por lo que resulta muy conveniente, usarlo para calcular el stop de perdida, en periodos medios de volatilidad.

La fórmula es la siguiente:

Precio de entrada-(Porcentaje riesgo (1,5 a 2)*ATR)

Un ejemplo de cálculo de stop:

Vemos un gráfico del EUR/USD, y tomamos la decisión de abrir una posición a la compra al precio 1.25379 (línea azul), vamos a calcular la posición de stop según nuestro ATR (Flecha blanca, 0,00087).

Stop=1.25379-(1.5*0.00087)

Stop=1.25248 (línea roja)

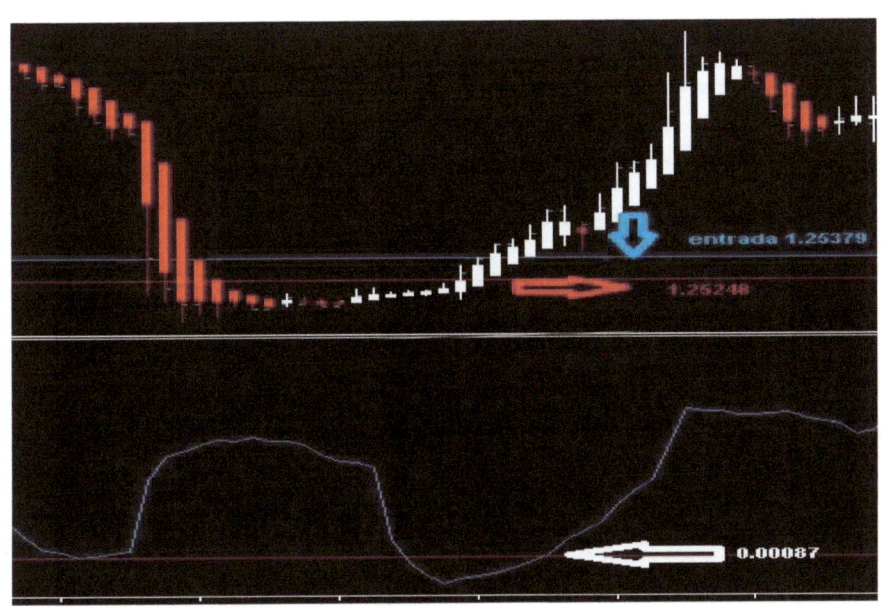

Podemos observar en el gráfico lo siguiente; desde que compramos la cotización no se movió hacia abajo, sino que siguió subiendo con un pequeño retroceso que no significo mayor peligro. Mediante el precio sigue subiendo, ese stop lo colocaremos en el precio de entrada, en otras palabras mediante avancemos con ganancias moveremos el stop de 1.25248 a 1.25379, es en ese momento que tenemos una operación libre de riesgo y podemos dejar avanzar nuestras ganancias, sin temor alguno.

Si la cotización bajara ante cualquier cambio, nuestra operación se cancela con cero pérdidas, y cero ganancias. Recordemos que mediante avance el precio iremos subiendo el stop de perdida. Para cualquier eventualidad y nuestro sistema no de señal de salida, el mercado nos saque con alguna ganancia. Es de esta forma entonces que calcularemos el stop de perdida, cada vez que entremos al mercado.

ENTRANDO EN EL MERCADO

Con nuestra estrategia solamente entraremos al mercado cuando las condiciones y las reglas se cumplan al pie de la letra, de lo contrario podríamos estar en serios problemas.

Siempre en algún momento de nuestra operativa habrá pérdidas, pero esas pérdidas serán mínimas, son perdidas controladas, por esa razón está prohibido operar sin un stop de perdida.

Un principio para entrar al mercado es el concepto de lo que es un especulador de bolsa, es una persona, que compra barato y vende caro, las reglas del comercio. ¿Por qué digo esto, antes de dar la estrategia? Porque habrá momentos en que las señales se dieron, y tal vez entraremos al mercado cuando este sobrevendido o sobrecomprado, por esa razón es mejor, cuando las señales se den, si viste muy tarde el movimiento, por ejemplo en gráficos de una hora, del EUR/USD entras al mercado cuando esta sobrecomprado o sobrevendido, habrá una fluctuación en contra, y ahí puedes perder dinero. Un ejemplo

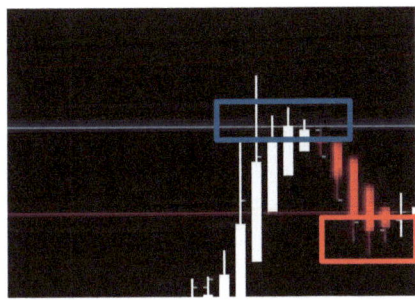

En el recuadro azul con la línea azul, vemos la entrada que hicimos a la compra, pensando que seguiría subiendo, sin embargo nunca supimos que entre más grande y larga sea una vela Heikin Ashi, más pronto está la fluctuación en contra.

Hicimos nuestra entrada y ¿Cuándo debíamos salir? Aceptar un error en este oficio no es fácil, ya se darán cuenta los que están empezando, verán que al inicio dejamos correr perdidas y cortamos muy pronto las ganancias, por miedo.

¿Cuándo debíamos entrar en esta operación? Cuando el movimiento empezó a darse y fue adquiriendo fuerza, o cuando el precio retrocede un poco. Normalmente en el EUR/USD, los movimientos por ejemplo al alza, pueden durar de una a dos horas, a lo mucho tres y se agota el movimiento, empezando una contrapartida, en donde los más experimentados pueden vender.

REGLAS DE LA ESTRATEGIA

Detectar la tendencia principal del activo financiero. Si vamos a operar en gráficos de una hora o diario, entonces nos vamos a gráficos mensuales, semanales y diarios, para poder observar cual es la tendencia, algo que con el heikin ashi es muy sencillo.

1) **Cruces de las media de 3 y 9**. Una vez detectada la tendencia trataremos de operar a favor de ella. Por ejemplo si en gráficos diarios, el día presenta una tendencia alcista, nos vamos a gráficos horarios y esperaremos cruces de medias, esta es la primer señal de alerta de que la bolsa se puede mover, pero todavia no nos metemos a negociar.

2) **Vela completa de Heikin Ashi**. Una vez que se da el cruce de las medias, esperamos que se forme una o dos velas Heikin Ashi, sin sombras inferiores (venta) o superior (compra), puedes volver a ver esto en la página 16. Vamos a suponer que estas señales se están dando, ya hay un parámetro que nos dice, LA BOLSA SE VA A MOVER, pero todavía no entramos al mercado, pues no sabemos si esas señales tienen fuerza, recordemos que nosotros somos felices con tendencias, por eso hay que negociar en mercados muy liquidados y de amplia participación pública como EUR/USD, S&P500, NASDAQ.

3) **ADX CON PENDIENTE POSITIVA**. Un ADX con pendiente positiva, es sinónimo de fuerza, sin embargo el indicador tiene parámetros para medir esa fuerza, por eso vamos a pedirle al ADX que sobre pase el nivel 25, para que estemos más seguros de que esa tendencia que observamos tiene fuerza. Cuando estas reglas todas juntas se den, entonces nos metemos con seguridad a la bolsa en sentido de la

tendencia, sin miedo y siempre con un stop, como ya lo habíamos hablado, y les aseguro que ganarán. Las ganancias siempre van respecto al dinero que vas a invertir; unos van a invertir $100, otros $1000 y otros $10000. Empieza con poco dinero para vayas probando esta estrategia.

Nada más ten presente esto MUCHA PACIENCIA, hay días en los que no hay que meterse a la bolsa, pues las condiciones nunca se dieron. SIGUE LAS REGLAS y vas a ganar y perderás solamente pequeñas cantidades, los stops de pérdida.

Ejemplos de la estrategia

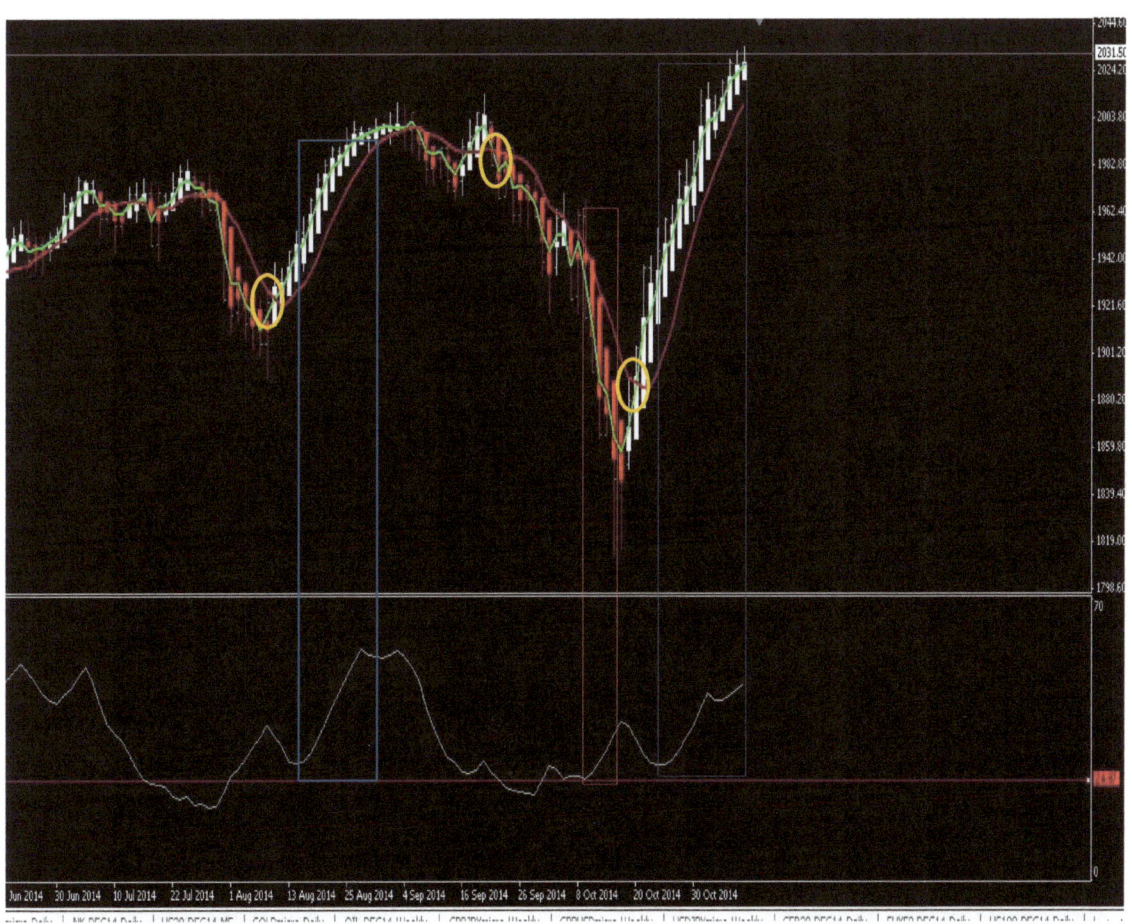

En el anterior gráfico diario del S&P 500, *(obviamente observamos los gráficos semanales y pudimos ver que la tendencia es alcista)* hemos marcado con un circulo amarillo, los cruces de las medias y como las velas se van formando, sin embargo todavía el ADX a pesar de que está por encima de la línea de 25 (línea roja), presenta una pendiente negativa.

Luego observamos en los recuadros azules y rojo como las velas empiezan a avanzar, tanto a la compra como a la venta, sin sombras inferiores y superiores, consolidando la tendencia y las medias empiezan a tomar distancia entre ellas, y nuestro ADX toma pendiente positiva.

Es ese el momento donde entramos al mercado, sin miedo alguno, en sentido de la tendencia, con el debido stop, y conforme avanza la cotización cada dos velas, subimos nuestro stop, hasta quedar libre de riesgo.

NUESTRA SALIDA DEL MERCADO.

Hay tres formas de salir de las operaciones como esta.

1) Con el cruce de las medias 3 y 9

2) Con la primer vela Heikin Ashi de color diferente.

3) Cuando el ADX se vuelve negativo y las velas cambian de color (En mi caso la más óptima).

Veamos otro ejemplo con el EUR/USD en gráficos horarios.

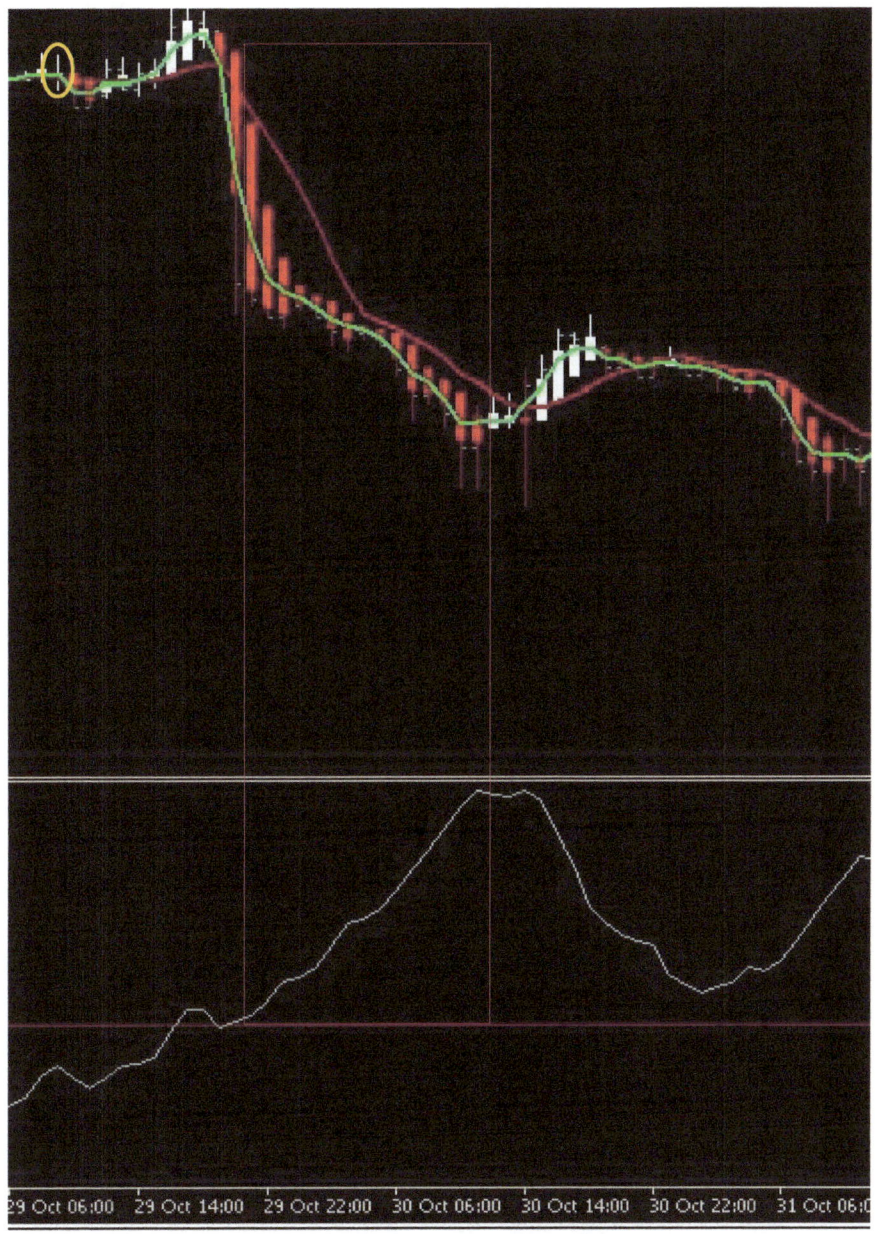

De igual manera pudimos ver en gráficos diarios un periodo de consolidación, era mercado lateral, no había tendencia, sin embargo, observando gráficos de horas pudimos ver y esperar la consolidación de esta tendencia.

En un círculo amarillo está el cruce de medias 3 y 9 y también observamos como la vela empieza a crecer consolidando la tendencia y el ADX con su pendiente positiva. Estas son las señales claras para entrar al mercado. Las tres reglas principales tienen que cumplirse. Si están viendo el mercado, cualquiera que sea el activo financiero y solo se cumplen dos de tres, es mejor no insistir en entrar a negociar, porque las reglas se están rompiendo y vas a perder dinero aunque sea con un stop de perdida.

Nuestra misión es cuidar el capital de inversión, las ganancias vendrán solas.

Un ejemplo del cumplimiento de dos señales y una tendencia falsa.

En el siguiente gráfico horario de la GBP/JPY.

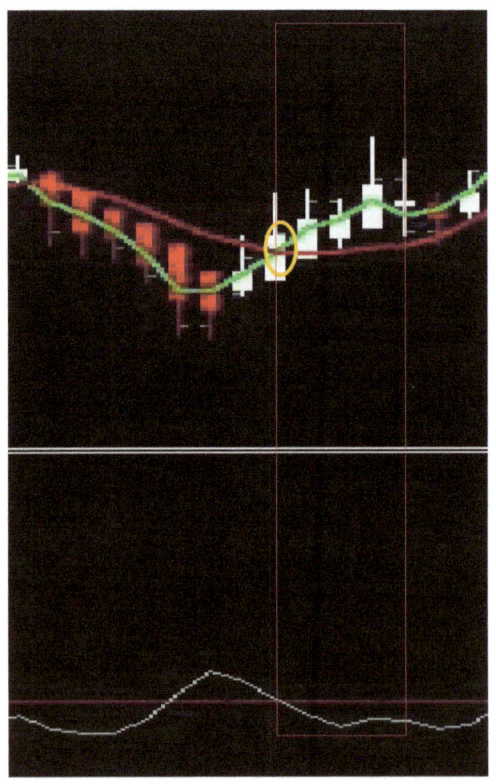

Se da un cruce de medias 3 y 9, también se da una vela sin sombra inferior alcista, pero nunca el ADX toma pendiente positiva. El que compró con sólo el cruce de medias, no ganó mucho dinero y se expuso a perdidas innecesarias, pues se vió encerrado en un proceso de acumulación o pauta plana, y dicha tendencia carecía de fuerza. Recuerden que cuando un ADX está con pendiente negativa, el 90% de las veces entra en un proceso de acumulación, lateral o pauta plana, y lo mejor es no entrar.

Esta estrategia se puede aplicar a cualquier activo financiero, en cualquier marco de tiempo. Recuerden que un trader profesional, tienen una estrategia sencilla, con reglas claras, una gestión de riesgo correcta y un control psicológico sobre sí mismo.

El negocio de la bolsa, no tiene nada que ver con economía, es pura psicología, los gráficos solo representan el sentimiento de la masa. No luchemos contra los grandes que mueven el mercado, vayamos juntos a ellos, moviéndonos a donde ellos se mueven.

Por último no te inventes escenarios, para especular en bolsa las cosas deben ser sencillas, por eso te doy esta estrategia, cumple sus reglas al pie de la letra y vas a ganar y ármate de paciencia, mucha paciencia y un horario. Recuerda que no todos los días se pueden entrar a la bolsa, porque hay días en que las condiciones no se dan.

Has un horario, no operes en exceso, recuerda esta frase de un gran trader, mentor y amigo mío, "El buen especulador, toma una siesta".